EINE GEFÄHRLICHE BRUDERSCHAFT

EINE GEFÄHRLICHE BRUDERSCHAFT

NACH DEM EXPOSÉ
VON PROF. OTTMAR W. HERBST

MIT EINER EINFÜHRUNG
VON WOLFGANG F. SCHREINER

- 1. Auflage 2025
- tredition GmbH, Ahrensberg
- Alle Rechte vorbehalten,
  auch die eines auszugsweisen Abdrucks.
- Titelzeichnung: Wolfgang F. Schreiner
  (wolfgang.franz.schreiner@web.de)
- Gestaltung und Layout: Saskia Kanne
- Printed in Germany
- ISBN 978-3-384-55292-1

EINFÜHRUNG

Auf einem Trödelmarkt in Bochum entdeckte ich vor einigen Wochen die 1930 von der Guild Publishing Corporation in New York veröffentlichte Ausgabe des Buches „The Strange Death of President Harding" von May Dixon Thacker. Schon lange hatte mich das Buch interessiert und ich war sehr erstaunt, es auf diesem Trödelmarkt in einem halbwegs guten Zustand zu finden. Mit dem Verkäufer wurde ich schnell handelseinig und konnte so den Band wohlgemut im Rucksack verstauen.

Zuhause nahm ich meine Beute freudig in die Hand und stellte erstaunt fest, dass ein Packen ordentlich gefalteter und eng beschriebener Blätter dem Buch vom Vorbesitzer beigelegt worden war. Interessiert begutachtete ich den in deutscher Sprache verfassten Text, der dank einer besonders schönen und akkuraten Handschrift von mir gut gelesen werden konnte. Der Inhalt zog mich sofort in seinen Bann.

Als Verfasser des Textes fungiert ein Professor Ottmar Wilhelm Herbst, Jahrgang 1891, der mit einer Mischung aus Lebensbericht und historischem Diskurs den Leser mit Fakten und Gedankengängen konfrontiert, die schnell plausibel erscheinen und deren Wahrheitsgehalt über eingefügte Quellenangaben zudem verifizierbar ist. Empfänger des im August 1945 zu Papier gebrachten Textes war ein gewisser Colonel Frank Meadow, Leiter einer nicht näher bezeichneten amerikanischen Militärverwaltung in Frankfurt am Main. Zumindest gehe ich von dieser Stadt aus, da Professor Herbst dort seine Aufzeichnungen verfasst hat. Darüber hinaus war Frankfurt Sitz des amerikanischen „HQ USFET" (Headquarter United States Forces European Theater), also der Verwaltung des amerikanischen Kriegsministeriums für die besetzte Zone. Erste Aufgabe war die durch amerikanische Streitkräfte gewährleistete Sicherheit aufrechtzuerhalten und einen geordneten Ablauf in das bestehende Chaos des vollkommen zerstörten Landes zu bringen. Am 1. August 1945, also kurz vor dem Gespräch des Professors mit dem Colonel, hatte General Eisenhower die endgültige Einteilung der „USFET" vorgenommen und ein Gebiet, das Frankfurt, Wiesbaden, Obertaunus- und Main-Taunus-Kreis umfasste, zur „USFET Restricted Area" benannt.

Es stellt sich die Frage, ob der Professor die Arbeit der amerikanischen Verwaltung mit seinem umfangreichen Wissen bereichern wollte oder ob er vielleicht im Zuge einer frühen Entnazifizierung zu dem Gespräch geladen wurde. Auf letzteren Punkt könnten Bemerkungen gegen Ende seiner Darlegungen hinweisen, die auf den Leser etwas irritierend wirken können, sich aber durch das schwierige Überleben im sogenannten Dritten Reich erklären lassen.

Über diesen komplexen Sachverhalt bekommen wir in dem Exposé keine Aufklärung. Professor Herbst schreibt zu Beginn seiner Ausführungen nur, dass er von der Militärverwaltung zu einem Gespräch aufgefordert wurde. Auch führt er leider nicht aus, wie diese Einladung zustande kam. Zumindest wissen wir, dass er als Ergebnis der Unterredung mit Colonel Meadow diesem die Abfassung eines kurzen Berichtes verspricht, in dem er auch sein „spezielles Studiengebiet" beleuchten will. Zwar sind auf den mir vorliegenden Blättern verschiedene Stellen unterstrichen und am Rand gelegentlich Ausrufe- und Fragezeichen angebracht, aber letztlich wissen wir nicht, ob der mir zur Verfügung stehende Text den Entwurf des Professors darstellt oder ob es sich um die Reinschrift handelt, die dem Colonel zugestellt wurde.

Nach reichlicher Überlegung tendiere ich dazu, diesen Text als jenes Schreiben zu betrachten, das der Militärverwaltung zuging. Es erscheint doch wahrscheinlich, dass der Colonel das Schreiben in dem von mir erstandenen Buch verstaute, um es zu Hause in aller Ruhe und vielleicht mit Hilfe eines Wörterbuches eingehend zu studieren. Denkbar ist, dass dieser amerikanische Offizier kein muttersprachlicher Deutscher war, worauf auch sein aus dem englischen Sprachraum stammender Nachname hinweist. Trotzdem verwundert das Nichtvorhandensein eines Eingangsvermerkes oder ähnlicher Aktennotizen. Endgültig lässt sich die Frage, ob das Dokument den Entwurf oder die Reinschrift darstellt, nicht klären. Zumindest muss der Empfänger einen besseren Bildungsstand besessen haben, worauf die Wahl seiner Lektüre über den nie eindeutig geklärten Tod des amerikanischen Präsidenten Harding hinweist.

Der Text von Professor Herbst ist schlichtweg als revolutionär zu betrachten und dürfte, auch wenn er viele Fragen aufwirft, jeden Leser zu einer sich vertiefenden Sichtweise unserer Geschichte veranlassen, insbesondere ihrer Geheimgesellschaften. Der erschreckende Einfluss der von ihm studierten „Bruderschaft" und die von ihr ausgehende Gefahr für unsere Kultur sollten keineswegs unterschätzt werden. Deshalb erscheint es mir wichtig, dieses historische Fundstück dem modernen Leser zugänglich zu machen. In den Originaltext habe ich nur behutsam eingegriffen und wenige kleine Unebenheiten dem modernen Sprachgebrauch vorsichtig angeglichen. Es ist bedauerlich, dass diese Ausführungen erst jetzt jene meines Erachtens notwendige Verbreitung finden können, die wohl ganz im Sinne von Professor Herbst wäre, der in der letzten Zeile seines Textes mit aller Entschiedenheit dazu auffordert, „die Tyrannei (...) zu zerschlagen", mit der diese von ihm aufgedeckte „Bruderschaft", oftmals unter der Fahne einer großen Menschenfreundlichkeit, uns alle zu versklaven sucht.

Bad Kreuznach, Herbst 2024

Wolfgang F. Schreiner

EXPOSÉ
PROFESSOR OTTMAR W. HERBST

Am 21. August 1945 wurde ich, Ottmar Wilhelm Herbst, von der amerikanischen Militärverwaltung zu einem Gespräch in der Nachrichtenabteilung aufgefordert. Nachdem ich etwa eine Stunde mit dem Leiter der Abteilung, Colonel Frank Meadow, gesprochen hatte, bat mich dieser, einen kurzen Bericht anzufertigen, der sowohl meine Herkunft als auch mein spezielles Studiengebiet beleuchten würde, um eine exakte Einschätzung meiner Persönlichkeit zu ermöglichen. Diesem Wunsch möchte ich hiermit nachkommen.

Ich wurde am 13. November 1891 als einziges Kind der Eheleute Julius und Erika Herbst in München geboren. Mein Vater, der Professor an der dortigen Universität war, hatte in den achtziger Jahren des vorigen Jahrhunderts durch die erfolgreiche Veröffentlichung seiner populär-wissenschaftlichen „Geschichte der Weltliteratur" im deutschsprachigen Raum eine große Bekanntheit erreicht. Doch obwohl sein Buch mehrere Auflagen erlebte und von Literaturwissenschaftlern wie Scherer, Stern und Arnold in ihren Ausarbeitungen oft zitiert wird, ist das Werk leider seit dem Tode meines Vaters 1932 immer mehr in Vergessenheit geraten.

Im Nachhinein ist mir bewusst, dass ich durch den Einfluss des Vaters einen präzisen Umgang mit der Sprache lernte, der mir bei meinen eigenen schriftstellerischen Versuchen dann sehr zustatten kam. Meine Mutter Erika ist eine geborene Kroeber. Ihrer Familie entstammen viele angesehene Apotheker, die im Münchner Umland seit Jahrhunderten bekannt und geschätzt sind. Es sei darauf hingewiesen, dass Ludwig Kroeber, der vor ungefähr fünfzehn Jahren sein „Neuzeitliches Kräuterbuch" veröffentlichte, ein entfernter Verwandter von mir ist. Durch meine Mutter erlernte ich schon früh den sachgemäßen Umgang mit Heilpflanzen, und ich erinnere mich noch gut, wie sie in meiner Kindheit jede Erkrankung mit ihren unfehlbaren Kräutern kurierte.

Zu meinem Werdegang ist zu sagen, dass ich nach dem Schulbesuch Pharmazie studierte, mit einer Arbeit über „Atropa belladonna" promovierte und schon nach wenigen Jahren 1929 eine Professur annahm. Darüber hinaus veröffentlichte ich in rascher Folge Monographien über „Lactura virosa", „Hyoscyamus niger", „Datura stramonium" und schließlich 1932 meine Arbeit über „Colchicum autumnale", die sogenannte Herbstzeitlose, einem äußerst zart erscheinenden Pflänzchen aus der Familie der Liliengewächse, dessen Blütenröhre bis zu zwanzig Zentimeter lang werden kann und deren sechs blassviolette Blütenblätter in den Monaten August bis November erscheinen, wohingegen sich die grünen Blättchen erst im kommenden Frühjahr entwickeln können. Oftmals vergisst der Betrachter beim Studium dieser schönen, kleinen Pflanze wie verheerend ihr Gift wirken kann!

Das folgende Jahr stellte einen Wendepunkt in meinem Leben dar, da ich, durch eine umfangreiche Erbschaft begünstigt, meine Professur niederlegen konnte, um mich fortan ausschließlich dem Studium der Herbstzeitlose zu widmen, was äußerst seltsam erscheinen mag, aber auf einer verständlichen Erklärung beruht, die ich in gedrängter Form nun darlegen möchte.

Mein Interesse wurde damals angeregt durch die Lektüre eines Buches aus der von mir geerbten Bibliothek des Vaters. Dieses seltsame Buch, das mir kurz nach Abschluss der Colchicum-Monographie zufällig in die Hände fiel, hatte ein gewisser Hans Ehrenbrecht 1798 veröffentlicht und trug den eigenwilligen Titel „Über Wesen und Verbreitung des Colchicum-Bundes". Erstaunt vertiefte ich mich in das Studium des schmalen Bändchens, das, ich möchte dies mit Entschiedenheit anmerken, meine Sichtweise der Welt grundlegend verändert hat, denn mit äußerster Genauigkeit stellt Ehrenbrecht fest, und er belegt dies durch exakt zitierte Quellentexte, dass im Laufe der letzten drei Jahrtausende eine Bruderschaft existierte, die das Gift der Herbstzeitlose gezielt für ihre Interessen einsetzte.

Was ich anfangs für komplette Phantasterei hielt, entpuppte sich nach monatelangen gründlichen Studien in den bedeutendsten Bibliotheken Europas als eine erschütternde Wahrheit: Colchizin, das verheerende Gift der Herbstzeitlose, war von dieser Geheimgesellschaft als rituelles Toxikum verwendet worden, um in die Weltgeschichte entscheidend einzugreifen.

Die mythischen Wurzeln der hochgefährlichen Gesellschaft werden von einschlägigen Experten zumeist in Kolchis vermutet, dieser antiken Landschaft an der Südostküste des Schwarzen Meeres, die bekanntlich ja auch Heimat der sagenumwobenen Giftmischerin Medea sein soll, deren Existenz uns vor allem durch Euripides unsterbliche Tragödie im Gedächtnis geblieben ist. Erste konkrete, archäologisch fundierte Nachweise über die Colchis-Bruderschaft, wie Ehrenbrecht und andere Kapazitäten sie bezeichnen, finden wir im 4. Jahrhundert vor Christus in Makedonien, also etwa zu der Zeit, als die Herrschaft von Archelaos begann.

Hierzu sei ergänzend angemerkt, dass der Schweizer Wissenschaftler Arnold Gotthard im Mai 1924 in einem Artikel der Zeitschrift „Wissenschaft und Welt" die Behauptung aufstellte, die Colchis-Bruderschaft wäre keineswegs griechischen Ursprungs, sondern ihre Abkunft läge im Zoroaster-Glauben der persischen Kultur, wenn nicht sogar in der „Sekte der 37 Propheten", die vermutlich zur Zeit Athalias im jüdischen Reich gegründet wurde. Doch sind dies Spekulationen, denen ich mich als ernsthafter Wissenschaftler nicht anschließen möchte.

Interessant erscheint in diesem Zusammenhang die Tatsache, dass wir heutzutage im Vorderen Orient keine Colchispflanzen mehr vorfinden. Es besteht die Möglichkeit einer durch Klimaveränderung entstandenen Verdrängung der Pflanze in dieser Gegend. Vielleicht existierte auch ein reger Handel mit Samen und giftigen Teilen der Pflanze in dieser Region, um Ziele der Geheimgesellschaft verwirklichen zu können. Bereits Ehrenbrecht verwies 1798 auf erhebliche Wissenslücken in Bezug auf die fast weltweite Verbreitung des Giftes. Intensive Forschungsarbeit ist in diesem Punkt zwingend notwendig.

Zumindest wurde mir schon nach kurzer Auseinandersetzung mit der Materie bewusst, dass Informationen über die Colchis-Bruderschaft in vielen Bibliotheken zugänglich sind und letzten Endes einwandfrei bestätigen, dass diese Bruderschaft die Herbstzeitlose sowohl kultisch verehrte als auch das Gift der Pflanze als legitimes Mittel betrachtete, um Widersacher aus dem Weg zu räumen.

Wie stark der Einfluss dieser Gemeinschaft im alten Griechenland war, lässt sich anhand der Dokumente ermessen, die Ehrenbrecht aus den Schriften des griechischen Historikers Antipides zitiert, der unter Philipp III. lebte und ungefähr im Jahre 317 vor Christus einem Giftanschlag zum Opfer fiel. In seiner „Geschichte des griechischen Volkes", die sich stark an Herodot anlehnt, beschreibt Antipides ausführlich die Einflussnahme, welche die Colchis-Bruderschaft bei der Hinrichtung des Sokrates zu erreichen suchte, da sie bestrebt war, den Schierlingsbecher, den Sokrates nach seiner Verurteilung trinken sollte, in einen Colchizin-Becher umzutauschen. In diesem Zusammenhang sei darauf hingewiesen, dass Ehrenbrecht schlüssig darlegt, Xenophon als auch Plato hätten diesen Versuch, der letztendlich scheiterte, in ihren Schriften unerwähnt gelassen, da sie beide Mitglieder der Colchis-Bruderschaft gewesen sein sollen. Dies wird sowohl durch Äußerungen Platos in diversen Dialogen, als auch durch die von allen Historikern anerkannten Werke des Antipides bestätigt.

Dass die Bruderschaft die von ihr damals erstrebte Regierungsgewalt schließlich doch nicht erringen konnte, lag anscheinend an unzähligen Gruppierungen, die auf das Entschiedenste die Verwendung der Herbstzeitlose als Gift ablehnten. Insbesondere sei hier der „Bund des Bechers" erwähnt, der den Schierling propagierte und sowohl unter Amyntas IV., Phillipp II., als auch unter Alexander dem Großen einen immensen Einfluss auf die Gestaltung der griechischen Welt ausübte.

Äußerst umfänglich geht Antipides in seinem Werk auf Aristoteles ein und berichtet sogar von einer Frühschrift des Aristoteles wider die Colchis-Bruderschaft, die uns Menschen der modernen Zeit leider nicht erhalten geblieben ist. Dafür wird in mehreren antiken Texten verbürgt, dass Aristoteles 340 vor Christus ernsthaft erkrankte. Antipides stellt die Hauptsymptome folgendermaßen dar: „Seine Körperteile waren rot und geschwollen. Er klagte über entsetzliche Kopfschmerzen, die Pupillen waren ungleich und überhaupt hatte er Schmerzen im ganzen Gesicht. Der Geruch von Speisen war ihm unerträglich, darüber hinaus war sein Bauch aufgetrieben und erfüllt von einem ständigen Kollern. Der Stuhlgang war schmerzhaft und bestand aus Ekel erregenden weißen Partikeln. Seltsam war, dass der Kranke oftmals von Mäusen halluzinierte. Obwohl die Ärzte den Herzstillstand befürchteten, überlebte - den Göttern sei Dank! - der große Philosoph.". Was Antipides hier schildert sind exakte Symptome der Colchizin-Vergiftung!

Der Tod Alexander des Großen im Jahre 323 vor Christus durch eine ebensolche Vergiftung gilt mittlerweile historisch als gesichert; auch Ehrenbrecht und Gotthard weisen auf diese Tatsache hin. Alexander, der ja bekanntlich Schüler des Aristoteles war, konnte zwar im Herbst 330 vor Christus eine Verschwörung der Colchis-Bruderschaft unter der Leitung zweier seiner

16

besten Feldherren, Philotas und dessen Vater Parmenion, niederschlagen, aber der nächste Anschlag im Juni des Jahres 323 gelang und Alexander starb fernab seiner griechischen Heimat an den Folgen einer Colchizin-Vergiftung. Obwohl die Colchis-Bruderschaft diesen Mord als großen Triumph feierte, ihn vor allem auch als Fanal gegen die von Alexander in die Wege geleiteten Mischehen zwischen Griechen und Arabern betrachtete, gelang es ihr auch diesmal nicht, die Herrschaft an sich zu reißen. Hingegen setzte eine massive Verfolgung der Bruderschaft ein und sie erreichte in den nächsten dreihundert Jahren nicht mehr den Einfluss wie zur Zeit Alexanders.

Aus den letzten beiden Jahrhunderten der vorchristlichen Zeitrechnung sind uns darüber hinaus mehrere Spottsprüche der philosophischen Gruppe der Kyniker überliefert, die sich als „die Hunde" bezeichneten und mit fast grobianischer Wortwahl über die Colchis-Bruderschaft herzogen. Die bekannteste Aussage stammt von dem Kyniker Domesthanes und wird von Plutarch mehrmals in seinen Schriften zitiert: „Die Herbstzeitlose wollen sie zum Herrscher erheben - dass ich nicht lache! Wenn jeder Hund im Land über diesem mickrigen Pflänzchen sein Wasser lässt, dann werden sogar unsere Freunde, die Epikureer, die ja bekanntlich alles in sich reinstopfen, einen weiten Bogen um dieses nichtige, violette Etwas machen!". Sogar die Schule der Stoa, die den Freitod unter bestimmten Gegebenheiten propagierte, lehnte die Verwendung von Colchizin als Mittel zum Zweck kategorisch ab, wahrscheinlich um sich deutlich von der Colchis-Bruderschaft zu distanzieren.

Obwohl die Colchis-Anhänger fast verstummt waren, erlebte die Bruderschaft dann im römischen Reich unter Kaiser Nero einen erheblichen Aufschwung. Es sei daran erinnert, dass die ersten Regierungsmonate Neros, von Burrus und Seneca geleitet, eine positive Entwicklung versprachen, doch die Einwirkung eines gewissen Ramulus Dibinus, der Nero in die Colchis-Gruppe einführte, wurde immer stärker. Waren vorher die Methoden und Ziele der Gruppe oft schwer erkennbar gewesen, so offenbarten sie sich unter Nero immer deutlicher. Nachdem der Tyrann seinen Stiefbruder Britannicus mit Colchizin vergiftet hatte, begann er daraufhin das Gift immer hemmungsloser einzusetzen und plante sogar die Herbstzeitlose von Christen in Gefangenenlagern züchten zu lassen, damit sie diese dann zur Belustigung der Volksmassen im Kolosseum verspeisen sollten. Nur sein Selbstmord, der mit Colchizin erfolgte, verhinderte die Ausführung dieses entsetzlichen Planes. Nach dem Tode Neros blieb Ramulus Dibinus die graue Eminenz der Geheimgesellschaft. Er baute für sie ein Netzwerk auf, das die ganze römische Welt umspannte und unter seinen Nachfolgern zu einer perfekt funktionierenden Organisation wurde, die Ehrenbrecht zur Zeit des Theodosius auf zirka fünfzehntausend Mitglieder schätzt.

Über Aufnahmekriterien und Praktiken der Einweihung liegen leider keine Informationen vor. Sicher ist, dass unzählige Colchicum-Altäre bestanden haben müssen, welche erst durch die christliche Missionierung entfernt wurden. Dies erklärt die bis zum heutigen Tag bestehende Ablehnung der christlichen Kirche durch die Bande der Colchis-Verehrer.

Als ich mit meiner Erkenntnis bis zu diesem Punkt vorgedrungen war, sah ich die Herbstzeitlose in einem anderen Licht. Die violette Blüte mit ihrem dünnen, weißen Hals, den kein Blatt ziert, wurde mir zu einem Symbol unerträglicher Machtgier, da sie auf das Banner einer gefährlichen Sekte gezeichnet ist, die nichts Geringeres zu erreichen sucht als die Weltherrschaft an sich zu reißen!

Ich möchte meine Darstellung auf das Wesentliche beschränken und den interessierten Leser nicht mit den unzähligen Intrigen und Attentaten dieses Bundes ermüden. Es sei nur kurz vermerkt, dass nach der mächtigen Ausbreitung der Colchis-Bruderschaft im zerfallenden römischen Reich im Mittelalter dagegen eine Bewegung verschiedener Ritterorden einsetzte, die stark genug war, um dieser Ausbreitung zu trotzen. Als ihre geistige Nahrung bezeichneten die Mitglieder dieser Orden oftmals die Schriften der Mystiker. So notierte zum Beispiel der Mystiker Heinrich Seuse, der ein Schüler Meister Eckharts war, in seinem „Büchlein der ewigen Weisheit": „Schaut, all ihr Herzen, wie die betrogen sind, die ihre Minne zu den Colchis-Brüdern wenden!". Und zweihundert Jahre früher hatte bereits die Äbtissin Hildegard von Bingen in ihrer Schrift „De causis et curis" folgende Anrufung aufgezeichnet: „Denn Dir sind die Ungläubigen und Colchis-Brüder anheim gegeben, weil Du sie in Deiner Barmherzigkeit zur Buße anleitest.". Man kann diese Zeit als den Nadir in der Geschichte der Bruderschaft bezeichnen, doch in den Stadtstaaten Italiens, die der Handel zu einem großartigen Wohlstand geführt hatte, bahnte sich eine noch nie dagewesene Vergrößerung der Colchis-Bruderschaft an, die von dort aus die geistigen Zentren der

Renaissance überfluten sollte.

Zum Beispiel finden wir in den Schriften des großen italienischen Dreiergestirns Dante, Boccaccio und Petrarca deutliche Hinweise auf die Herbstzeitlose. So erwähnt Dante sie in seiner „Komödie" an einer Stelle der Hölle:

„Doch näherten wir uns Höllendämpfen,
wo gebückte, hässliche Gestalten
gierig aus Knollen der Herbstzeitlose
Gifte für die Herrscher der Welt brannten
und dabei hinterlistig kicherten...".

Bekannt ist auch von Boccaccio die Geschichte aus dem „Dekameron", in der eine hübsche Frau ihren wesentlich älteren Mann mit Colchizin vergiftet, um sich mit ihrem jugendlichen Liebhaber vergnügen zu können. Allerdings ahnt sie nicht, dass der Jüngling bereits Herbstzeitlosen gesammelt hat, mit denen er die Frau ermorden will, um so an das umfangreiche Erbe zu gelangen.

Desgleichen erwähnt Francesco Petrarca, der dritte bedeutende italienische Dichter dieser Zeit, in einem seiner Sonette die Herbstzeitlose, allerdings mit einem ihrer unzähligen Synonyme:

„Ach, Laura, Vögel seh' ich dahin fliegen
und die Herbstvergessenen locken mit Pracht -
würd' ihr Gift doch meine Sehnsucht besiegen!".

Anhand dieser Beispiele wird deutlich, wie tief durchdrungen das Denken der Menschen dieser Zeit vom Wissen um die hochtoxische Pflanze war. Es ist vielfach belegt, dass der politisch motivierte Mord im Italien der

Renaissance zur Tagesordnung gehörte. Nach umfangreichen Studien bin ich zu dem Ergebnis gekommen, dass mehr als die Hälfte aller Attentate dieser Zeit mit Colchizin durchgeführt wurden, von denen wiederum ungefähr drei Viertel erfolgreich ausgingen, das heißt tödlich endeten. Immer wieder zeigten die Erkrankten anfangs folgende Symptome: trockener Mund, brennende Zunge, Schmerz in Zahnfleisch und Zähnen, verbunden mit einem unheimlichen Durst. Dann setzten nach und nach umfassendere, sehr schmerzhafte Beschwerden ein, die letztendlich fast immer zu Atemnot und Herzstillstand führten. Die Ärzte waren im Großen und Ganzen hilflos, ja es gab damals unter ihnen und ihren Helfern den berüchtigten Spruch: „Man überlebt vielleicht die Beulen und die Pest, doch Colchicum gibt rasch den Rest!".

Auch wurden von der Colchis-Bruderschaft durchgeführte Massenvergiftungen oft als lokale Pestepidemien deklariert. Dies konnte nur selten widerlegt werden, da die Angst vor Ansteckung erheblich war und niemand die Leichen untersuchen wollte. Auf diese Weise gelang es der Bruderschaft immer wieder, unerkannt ganze Dörfer auszulöschen, deren Bewohner dem Kult der Gift- oder Leichenblume, wie die Herbstzeitlose im Volk genannt wurde, ablehnend gegenüberstanden.

Zu diesem Themenbereich ist besonders das Buch „Gifte in Gotik und Renaissance" zu empfehlen, das der Geschichtsprofessor Heinrich Triebmann 1863 in Halle veröffentlichte. Er widmet sich insbesondere auf den Seiten 84 bis 123 dem Einsatz der Herbstzeitlose. Die Schrift von Ehrenbrecht scheint ihm nicht bekannt gewesen zu sein, er bezieht sich vielmehr auf das Werk „De l'union de la philosophie avec la morale" von Francois Bozzelli, das 1845 erschien und seitdem auf dem Index Romanus steht. Allerdings konnte ich in diesem Buch nichts über die Herbstzeitlose entdecken. Daher bin ich der Ansicht, ebenso wie der bereits erwähnte Schweizer Wissenschaftler Gotthard, dass Triebmann den Band „De l'union de la philosophie avec le crime" meint, der 1827 von Pierre Morelli in Paris publiziert wurde. Dieses Werk war bereits nach kürzester Zeit vergriffen und Morelli fiel 1828 einem Giftanschlag zum Opfer. Eine 1837 veröffentlichte französische Literaturgeschichte beschreibt ausführlich die schmerzhaften Stunden, die Morelli vor seinem Tod erleiden musste. Er hatte rote Körperflecken, unerträglichen Rheumatismus und eine ödematöse Schwellung der Beine und Füße. Nach dreistündigen, äußerst starken Herzschmerzen trat dann der Tod durch Atemstillstand ein. Hier vermute ich ebenso eine Ermordung durch Colchizin, da der behandelnde Arzt, ein gewisser René Maynard, mehrmals notierte, dass Morelli im Fieber dauernd von Mäusen sprach. Dies scheint für Colchicum-Intoxikationen typisch zu sein, denn auch während homöopathischer Selbstversuche träumten die Probanden immer wieder intensiv von Mäusen.

Jedenfalls legt Pierre Morelli in dem Kapitel „Zerstörung des Glaubens" seiner Schrift „De l'union de la philosophie avec le crime" schlüssig dar, dass eine große Anzahl Kirchenheiliger von der Colchis-Bruderschaft vergiftet wurde. Vermutlich um eine Panik unter den Gläubigen zu verhindern, blieb dies in offiziellen Verlautbarungen der Kirche unerwähnt. Übrigens ist Spinoza, dessen

Todesursache unklar ist, und sicher nicht aufgrund von Schwindsucht erfolgte, nach der Ansicht Morellis ebenfalls aus Glaubensgründen mit Colchizin ermordet worden. Leider ließ sich dies nicht durch andere Hinweise in der Literatur verifizieren. Die von dem englischen Autor Thomas De Quincey existierenden Ausführungen über eine Ermordung Spinozas betrachte ich als äußerst unzuverlässig, da sie vermutlich im Opiumrausch verfasst wurden. Zudem halte ich Morellis Behauptung, der große Philosoph Immanuel Kant sei mehrere Jahrzehnte Vorsitzender der Colchis-Bruderschaft gewesen, für eine glatte Fehlinformation.

Dagegen erscheint mir in diesem Zusammenhang außerordentlich interessant, dass Gotthard, dem nach eigenen Angaben das Buch von Morelli zugänglich war, in einem zweiten Artikel für die Fachzeitschrift „Wissenschaft und Welt" im Januar 1925 darauf hinwies, dass es mehrere Versuche gab, Kant mit vergiftetem Wein umzubringen. Gotthard bezieht sich unter anderem auf das zu Beginn dieses Jahrhunderts veröffentlichte Tagebuch des Geschäftsmannes Wilhelm von Argenthal, der im November 1785 Kant auf dessen Einladung hin in Königsberg besuchte. Kant, der ja bekanntermaßen am Nachmittag stets extensive Disputier- und Trinkgesellschaften abhielt, um dabei vor ausgewählter Zuhörerschaft zu monologisieren, scheint allerdings immun gegen die Droge gewesen zu sein. Gotthard schreibt: „Von unserem Gewährsmann Wilhelm von Argenthal wissen wir, dass Kant beim Essen gerne größere Mengen Wein zu sich nahm und dabei Vorträge über Politik, Wirtschaft, Kunst und ähnliches hielt.".

Dann zitiert Gotthard einen hochbedeutsamen Abschnitt aus dem Tagebuch des von Argenthal: „An diesem Tag, es war der 25. November, saßen wir zu viert am Tisch. Regierungsrat G. und ich als bekannte Abstinenzler können bezeugen, dass sowohl Herr Kant, als auch sein soeben eingetroffener Besucher, ein Herr S. aus Weimar, bereits vor dem Auftischen der Suppe eine Flasche Rheinwein ausgetrunken hatten, die ein mir nicht näher bekannter Dichter mit Namen Diethelm Braun, gemeinsam mit einer Flasche Mosel- und einer Flasche Nahewein, dem großen Philosophen als Geschenk eines treuen Verehrers hatte zukommen lassen. Sich mit Scherzen über die mittelalterliche Philosophie unterhaltend, hatten die beiden fröhlichen Disputanten ihre Weingläser mehrmals auf Ex geleert, als Herr S. plötzlich eine rötliche Gesichtsfarbe bekam und ohne ein Wort zu sagen mit dem Kopf in die gerade bereit gestellte Suppenschüssel krachte. Herr Kant lachte laut auf und meinte, die aus Weimar würden ja gar nichts vertragen, doch ein von der Dienerschaft rasch herbeigerufener Arzt konnte nur noch den Tod des armen S. feststellen und den Leichnam sogleich entfernen lassen. Auffallend war, als nun das Essen in kleinerer Runde stattfand und man direkt zum Hauptgericht übergegangen war, dass Herr Kant unversehens seltsame rote Flecken in seinem ansonsten sehr blassen Gesicht bekam. Zudem schrie er mehrmals zur Dienerschaft gewandt, er hätte jetzt richtig Durst und wolle endlich den Moselwein kredenzt bekommen. Dann klagte er, er könne seine Beine nicht mehr ausstrecken und außerdem wäre der gerade genossene Hirschbraten mitsamt der vermaledeiten Klöße wohl schlecht gewesen, denn sein Bauch sei nun voller ihn auf das Entsetzlichste peinigender Gase. Sofort im Anschluss an diese Feststellung hielt er einen vollendeten Vortrag über die Ähnlichkeit der deutschen Pfaffen mit kleinen grauen Mäuschen. Nur ab und zu unterbrach er seine Rede, um sich den trockenen Mund mit dem ihm anscheinend sehr gut schmeckenden Moselwein zu netzen. Als er danach mit einer kritischen Beleuchtung seiner Grundsätze der rein praktischen Vernunft begann und ein ‚a priori‘ das andere jagte, musste ich mich leider verabschieden, da ich für den Nachmittag noch mehrere geschäftliche Zusammenkünfte mit Königsberger Kaufleuten vereinbart hatte. Regierungsrat G. teilte mir am nächsten Tage mit, dass Herr Kant noch sehr wunderlich wurde und dauernd von mysteriösen Flecken vor den Augen redete, die ihm der dienstbare Geist eines gewissen Herrn Swedenborg anhexen würde. Außerdem verfluchte er einen plötzlich einsetzenden Rheumaanfall, an dem er anscheinend furchtbar litt - von der Gasgeschichte ganz zu schweigen! All dieses hinderte ihn aber nicht daran, auf das intensivste zu philosophieren und Ansichten zu äußern, die weit über seine „Kritik der reinen Vernunft" hinausgingen und die der große Philosoph immer wieder überschwänglich als absolut ‚meta-ergötzlich‘ bezeichnete. Allerdings wurden seine Leiden, nachdem er auch die Flasche Nahewein geleert hatte, so peinigend, dass er sich von seinem Diener zu Bette tragen ließ und obwohl er justament begann, sogar über ein entsetzliches Jucken der Genitalien zu klagen, doch die Visite eines Arztes entschieden ablehnte, da es bereits nach zehn Uhr wäre und er endlich seinen Schönheitsschlaf bräuchte. Heute habe sich der Herr Kant mit Rheuma entschuldigt und nur um ein leichtes Purgativum und die neuesten Zeitungen gebeten.".

Aus diesem Bericht geht klar hervor, dass hier eine Colchizin-Vergiftung vorlag, die der große Philosoph aufgrund seiner zähen Konstitution überlebte, aber seinen Weimarer Gast, den sensiblen Herrn S., in den Tod führte. Dieser Verdacht wird dadurch erhärtet, dass am 26. November in Königsberg Flugblätter verteilt wurden, die den Tod von Immanuel Kant mitteilten und zur Verbrennung seiner Schriften aufriefen. Zwar wurde tatsächlich am Marktplatz von Unbekannten ein großes Feuer entzündet, in das unter lautem Gejohle vor allem Studenten Bücher von Kant warfen, aber zum Glück gelang es einer Einheit berittener Gendarmen den Pöbel auseinander zu sprengen, das Feuer zu löschen und mehrere Exemplare der wertvollen Bücher vor dem Flammentod zu retten.

Wilhelm von Argenthal erwähnt in seinem Tagebuch sowohl dieses Geschehnis als auch das zur Bücherverbrennung aufrufende Pamphlet, welches er als „abstrus und lächerlich" bezeichnet, vor allem wegen des für ihn unverständlichen Schlussaufrufes: „Es lebe die Herbstzeitlose!".
Doch was dem Zeitgenossen „abstrus und lächerlich" erscheint, weiß der Wissenschaftler Arnold Gotthard in das immense Puzzle der Colchis-Verschwörung einzuordnen. Es gelingt ihm der schlüssige Beweis, die von Morelli aufgestellte Behauptung, Kant sei Vorsitzender der Colchis-Bruderschaft gewesen, als null und nichtig zu erklären. Vielmehr legt er in einer äußerst komplexen Expertise dar, dass besagter Morelli 1814 bis 1825 Vorsitzender der Bruderschaft war und als Abtrünniger 1828 von sei-

nen ehemaligen Verbündeten liquidiert wurde, natürlich mit dem Gift der Herbstzeitlose.

Auch den bereits erwähnten Heinrich Triebmann bezeichnet Gotthard in seinem Artikel als einflussreiches Mitglied dieser geheimen Gesellschaft, doch erscheint mir hier die Beweisführung Gotthards weniger gesichert als im Falle Morellis. Trotz der Bedenken von Seiten Gotthards halte ich Triebmanns Buch „Gifte in Gotik und Renaissance" für äußerst lesenswert, da vor allem im Nachwort Querverbindungen zum 18. und 19. Jahrhundert gezogen werden und zum Beispiel auf den Seiten 486 bis 494 der mysteriöse Tod Friedrich von Schillers, einem unserer größten Dichter und Denker, unter die Lupe genommen wird.

Triebmann geht von der Vermutung aus, dass Schiller nicht an der Erkältung starb, die er sich Ende April 1805 beim nach Hause gehen aus dem Theater zuzog, sondern an einer Vergiftung. Zu diesem Schluss kommt ebenfalls der Schiller-Experte Martin Bürge, der 1938 in seiner Schrift „Schiller - Ein deutscher Künstler im Fadenkreuz des Feindes" zwar dank hervorragender Ermittlungen die Theorie von der Erkältung widerlegen kann und sogar eine Vergiftung des großen Dramatikers als erwiesen erachtet, aber sich dann zu der lächerlich anmutenden Behauptung versteigt, die Intoxikation wäre das Werk einer englischen Geheimgesellschaft gewesen, die unter der Bezeichnung „ARAO" (All Religions Are One) 1798 von William Blake, einem englischen Grafiker und Dichter, in London gegründet worden sei und als deren jetziges Oberhaupt König Georg VI. von England fungiere.

Die unzähligen Auszeichnungen, die dieses Buch kurz nach seinem Erscheinen erhielt, erscheinen aus heutiger Sicht unverständlich. Die Ermordung Schillers als den Akt einer britischen Geheimgesellschaft zu betrachten, ist natürlich völlig aus der Luft gegriffen! Aufgrund mehrerer Dokumente, die mir vor wenigen Jahren bei einem Besuch der Schiller-Gesellschaft in Marbach einsichtig waren, geht klar hervor, dass Schiller am 7. Mai 1805 von einer Verehrerin, welche von seiner Erkältung gehört hatte, ein Fläschchen Medizin zugesandt bekam, dem ein wohlig nach Blüten duftender Zettel beilag, auf dem mit vollendet schöner Handschrift ein wortgewaltiges Sonett den Empfänger zur sofortigen und in toto zu erfolgenden Einnahme des speziell für ihn zubereiteten „Götternektars" aufforderte, um, wie es in dem Schreiben heißt, „dank dessen inhärenter, titanischer Heilkraft diese den Meister belastende und auf seine lichtvoll erstrahlende Muse einen dunklen Schatten werfende Erkrankung unverzüglich und endgültig auszukurieren".

Unterzeichnet war dieses dem Fläschchen beiliegende Blatt mit dem eleganten Namenszug „Madame Lilia". Obwohl niemand im Hause Schiller eine Madame Lilia kannte, nahm der leicht erkrankte Patient, da ihm die Schrift der Dame auf das Vortrefflichste gefiel, den arzneilichen Trunk bedenkenlos zu sich und zeigte bereits nach wenigen Stunden die typischen Symptome der Colchizin-Vergiftung, so dass er nach leidvoller, schmerzerfüllter Zeit, die er fast durchwegs in einem halluzinierenden Dämmerzustand verbrachte, schließlich am 9. Mai an Atemnot und Herzstillstand verstarb.

Als Todesursache wurde vom obduzierenden Arzt „Nervenschlag" diagnostiziert, spätere Kapazitäten führten Schillers Tuberkulose als Auslöser an. Doch dem Eingeweihten erklärt sich das Ableben dieses hochbegnadeten Künstlers als ein weiteres Eingreifen der grausamen Colchis-Bruderschaft in die Geschicke unserer von Leid und Geheimgesellschaften geplagten Menschheit! Es ist doch offensichtlich, dass der Name dieser „Madame Lilia" auf Liliaceae hinweist, die Liliengewächse, denen bekanntlich ja auch die Herbstzeitlose zugerechnet wird!

Verwirrend erscheint in diesem Zusammenhang die Tatsache, dass Goethe, der viele Jahre mit Schiller befreundet war, in seiner Funktion als Minister oftmals mit einer „Madame Lilia" korrespondierte. Diese Schreiben machte uns Werner Müller 1899 in seinem bedeutenden Buch „Der apokryphe Goethe" zugänglich. Da Goethe anscheinend Mitglied diverser Geheimgesellschaften war, wäre hier eine genaue Untersuchung umfangreicher Verwicklungen äußerst aufschlussreich. Werner Müller, der unter Bismarck für die politische Polizei in Preußen gearbeitet hatte und sich nach der Reichsgründung in Berlin als Privatdozent auf das Fachgebiet „Deutsche Dichter und Denker" konzentrierte, bezeichnet eine systematische Erfassung dieser Verstrickungen im Vorwort seines Buches sogar „als für den Fortbestand unserer westlichen Kultur zwingend notwendig!".

Aus den letzten Schriften Ferdinand Grehlers, der bekanntlich ein Zeitgenosse der beiden großen Weimarer war, habe ich zudem den verwirrenden Hinweis entnommen, dass „Madame Lilia" zwar als eine große Unbekannte galt, aber gleichzeitig auch die einflussreichste Frau Weimars gewesen sein soll.

Der russische Historiker Dmitrij Balschenko lieferte 1921 in seiner äußerst umfangreichen Abhandlung „Die Weltrevolution" einen neuen Fingerzeig. Er schreibt auf Seite 2318 des Werkes, dass Friedrich der Große seine Geheimpolizei liebevoll „Madame Lilia" nannte und diese sogar als „die einzig notwendige Frau in einem modernen Staat" bezeichnete. In Carlyles Monumentalwerk über Friedrich den Großen entdeckte ich nach genauester Lektüre zweimal eine Bestätigung für die von Balschenko aufgeführte Bezeichnung. Doch überlasse ich es dem geneigten Leser, an diesem entscheidenden Punkt weiter zu spekulieren und gewichtige Schlüsse zu ziehen!

Es sei nur kurz angemerkt, dass von besagtem Friedrich eine entscheidende Spur zu dem französischen Philosophen Voltaire führt. Endlos erscheint die Liste derer, die in die Ränke der Colchis-Bruderschaft involviert waren. So sei zum Beispiel darauf hingewiesen, dass Marx und Engels eine Vergiftung Bakunins mit Colchizin anstifteten, die dieser nur überlebte, da der Attentäter, ein gewisser Nicolai Leokowski, die deutschen mit den russischen Maßeinheiten verwechselte und das Colchizin zu gering dosierte. Der bedeutendste Denker der anarchistischen Theorie litt deshalb nur wenige Stunden an Übelkeit und unangenehmen Bauchkrämpfen, wie es uns Fritz Gunow auf Seite 68 seiner 1869 in Kleinstauflage erschienenen Abhandlung „Bakunin, die Erste Internationale und der Weg in den Abgrund" äußerst bildhaft schildert.

In der im Folgejahr erschienenen Broschüre „Die Vergötzung des Karl Marx" ergänzt er auf Seite 7 seine Ausführungen vom Vorjahr: „Wie ich bereits an anderer Stelle dargelegt habe, standen diese Mordversuche an Bakunin, getätigt von Leokowski, Gilimachenko und Pitzke, die allesamt mit Gift durchgeführt wurden und zum Glück scheiterten, unter Oberaufsicht der von der CB kontrollierten Internationale.".

Da Gunow die Abkürzung „CB" mehrmals in seinen Schriften verwendet, immer im Zusammenhang mit Weltherrschaft und Giftanschlägen, müssen diese Initialen als „Colchis-Bruderschaft" interpretiert werden. 1874 war zudem in der ersten Juni-Ausgabe der sozialdemokratischen Zeitschrift „Der Volksstaat" folgende kleine Meldung zu finden: „Der durch seine unzähligen, die Freiheit des Arbeiters verneinenden Pamphlete bekannte Bohemien Fritz Gunow wurde in seiner Laube in Berlin verstorben aufgefunden. Die Gendarmerie geht davon aus, dass ein Verspeisen giftiger Pilze oder Zwiebeln zum Tode geführt hat. Die seit langem bekannte Verwahrlosung dieses reaktionären Denkers hat damit ihren Endpunkt erreicht.". Offenbart sich hinter dieser lapidaren Notiz etwa ein weiterer Colchizin-Mord?

Auch eine große Anzahl bedeutender deutscher Philosophen der Jahrhundertwende entpuppen sich als Anhänger der Bruderschaft. Gotthard zitiert aus einem internen Schreiben der Gruppe, das ihm von einem ehemaligen Mitglied, kurz vor dessen Ermordung, ausgehändigt wurde. Darin wird der Philosoph Schopenhauer zwar als „Frauenverächter und elender Miesmacher" tituliert, aber „für die charakterliche Ausbildung der Mitglieder

unserer Bruderschaft" als „höchst unentbehrlich" einge-
stuft. Von Schopenhauer, der sich selbst als „heimlichen
Kaiser der Philosophie" bezeichnete, führt eine klare Spur
zu Nietzsche, der sich nach eigener Aussage als „erster Philosoph des Zeitalters" empfand.

In diesem Zusammenhang sollten insbesondere die
ideologischen Querverbindungen zwischen Philosophie,
Kunst, Politik, Hochfinanz und der sich immer stärker
ausbreitenden Psychologie beachtet werden. Die 1920
von dem berühmten Psychoanalytiker Sigmund Freud
aufgestellte These vom Todestrieb wurde von der Bruderschaft, die schon seit ihrer Anfangszeit das menschliche
Streben nach dem Tod als Grundlage des Seins definiert,
als Fanal für den Anbruch einer neuen Zeit interpretiert
und mit Planungen für die Durchführung einer großen
Vernichtungswelle ausgewählter Gegner gefeiert.

Über die Verflechtung der Nationalsozialisten mit
Thule-Gesellschaft und Colchis-Bruderschaft möchte ich
in diesem Bericht nicht näher eingehen. Darüber sollten
in einem vertraulichen Gespräch Informationen ausge-
tauscht werden. Es sei nur darauf hingewiesen, dass mir
äußerst schlüssige Dokumente einsichtig waren, welche
die jüngste Geschichte in einem anderen Licht erscheinen
lassen!

Hier möchte ich nun zu einem Ende meiner Ausführungen gelangen und abschließend darauf hinweisen, dass
ich versucht habe, durch einige Schlaglichter den Umfang
der Colchis-Verschwörung darzustellen, die zweifellos
noch immer eine große Bedrohung für unsere Zivilisati-
on bedeutet. Diese Geheimgesellschaft agiert unauffällig,

verwischt geschickt immer wieder ihre Spuren und ist trotz ihrer unzähligen Verflechtungen leider nur wenigen Eingeweihten und Fachleuten bekannt, die ihr Leben bei dem Versuch riskieren, Informationen über diese entsetzliche Organisation publik zu machen.

Um dieses Risiko zu minimieren, war ich natürlich gezwungen der Partei beizutreten. Nur so konnte ich unauffällig meine Studien intensivieren, ohne in den Verdacht zu geraten, Zersetzung oder Sabotage zu betreiben. Allerdings, und dies habe ich Colonel Meadow bei unserem Treffen ausführlich erklärt, war es für mich als Mitglied der Reichsschrifttumskammer hochgefährlich, an mich gerichtete Aufforderungen abzulehnen. Die Kammer und insbesondere der hiesige Gauleiter zwangen mich mehrmals meine Fähigkeiten als Autor in einer mir fremden Literaturgattung einzubringen. Deshalb wurden unter meinem Namen für die damals populäre Reihe „Erbauliche Schriften für die Deutsche Jugend" zwei Bände im Eher-Verlag veröffentlicht: 1940 das Büchlein „Mit dem Führer auf großer Fahrt" und 1941 der ebenfalls beliebte Folgeband „Mit dem Führer durch Dick und Dünn".

Es sei hier ausdrücklich versichert, dass ich zu jedem Zeitpunkt meines Lebens den Nationalsozialismus verabscheut habe. Jedoch gestattete nur meine Unauffälligkeit im politischen Alltagsleben den Zugang zu geheimen Archiven der Staatsführung, wodurch es mir erst ermöglicht wurde, die in dieser Schrift getätigten und hochbedeutsamen Ausführungen machen zu können, welche letztlich dem Wohle der Menschheit dienen sollen! Durch die

Beschäftigung mit dieser abscheulichen Pflanze hat sich mein Leben wahrlich verändert und ich möchte deshalb mit der dringenden Bitte an Colonel Meadow und seine Mitarbeiter schließen, diese teuflische Bedrohung ernst zu nehmen und mit entschlossenen Schritten dagegen vorzugehen.

Meine Hilfe stelle ich, in welcher Form auch immer, hierfür gerne zur Verfügung. Auf das Entschiedenste möchte ich zur Beendigung dieser Schrift vermerken, dass ein friedliches Miteinander in dieser Welt nur erreicht werden kann, wenn alle freiheitlich gesinnten Kräfte zusammenarbeiten, um die Tyrannei dieser Colchis-Bande ein für allemal zu zerschlagen!

Frankfurt am Main, den 22. August 1945

Prof. Ottmar W. Herbst

Zeitfracht Medien GmbH
Ferdinand-Jühlke-Straße 7
99095 Erfurt, Deutschland
produktsicherheit@kolibri360.de